AF545697

Georg Heym
Umbra vitae

Georg Heym

# Umbra vitae

*Nachgelassene Gedichte*

Mit 46 Holzschnitten von
Ernst Ludwig Kirchner

Anaconda

Penguin Random House Verlagsgruppe FSC® N001967

Die Deutsche Nationalbibliothek verzeichnet diese Publikation in der Deutschen Nationalbibliografie; detaillierte bibliografische Daten sind im Internet unter http://dnb.d-nb.de abrufbar.


Umschlagmotiv: Ernst Ludwig Kirchner, Umschlagabbildung zu »Umbra Vitae« von Georg Heym, 1924 (Holzschnitt), Stapleton Collection / Bridgeman Images
Umschlaggestaltung: www.katjaholst.de
Satz und Layout: InterMedia – Lemke e. K., Heiligenhaus
Druck und Bindung: CPI books GmbH, Leck
ISBN 978-3-7306-1158-6
www.anacondaverlag.de

# Umbra Vitae

Die Menschen stehen vorwärts in den Straßen
Und sehen auf die großen Himmelszeichen,
Wo die Kometen mit den Feuernasen
Um die gezackten Türme drohend schleichen.

Und alle Dächer sind voll Sternedeuter,
Die in den Himmel stecken große Röhren,
Und Zauberer, wachsend aus den Bodenlöchern,
Im Dunkel schräg, die ein Gestirn beschwören.

Selbstmörder gehen nachts in großen Horden,
Die suchen vor sich ihr verlornes Wesen,
Gebückt in Süd und West und Ost und Norden,
Den Staub zerfegend mit den Armen-Besen.

Sie sind wie Staub, der hält noch eine Weile.
Die Haare fallen schon auf ihren Wegen.
Sie springen, dass sie sterben, und in Eile,
Und sind mit totem Haupt im Feld gelegen,

Noch manchmal zappelnd. Und der Felder Tiere
Stehn um sie blind und stoßen mit dem Horne
In ihren Bauch. Sie strecken alle Viere,
Begraben unter Salbei und dem Dorne.

Die Meere aber stocken. In den Wogen
Die Schiffe hängen modernd und verdrossen,
Zerstreut, und keine Strömung wird gezogen,
Und aller Himmel Höfe sind verschlossen.

Die Bäume wechseln nicht die Zeiten
Und bleiben ewig tot in ihrem Ende,
Und über die verfallnen Wege spreiten
Sie hölzern ihre langen Fingerhände.

Wer stirbt, der setzt sich auf, sich zu erheben,
Und eben hat er noch ein Wort gesprochen,
Auf einmal ist er fort. Wo ist sein Leben?
Und seine Augen sind wie Glas zerbrochen.

Schatten sind viele. Trübe und verborgen.
Und Träume, die an stummen Türen schleifen,
Und der erwacht, bedrückt vom Licht der Morgen,
Muss schweren Schlaf von grauen Lidern streifen.

# Der Krieg

Aufgestanden ist er, welcher lange schlief,
Aufgestanden unten aus Gewölben tief.
In der Dämmrung steht er, groß und unbekannt,
Und den Mond zerdrückt er in der schwarzen Hand.

In den Abendlärm der Städte fällt er weit,
Frost und Schatten einer fremden Dunkelheit.
Und der Märkte runder Wirbel stockt zu Eis.
Es wird still. Sie sehn sich um. Und keiner weiß.

In den Gassen fasst es ihre Schulter leicht.
Eine Frage. Keine Antwort. Ein Gesicht erbleicht.
In der Ferne zittert ein Geläute dünn,
Und die Bärte zittern um ihr spitzes Kinn.

Auf den Bergen hebt er schon zu tanzen an,
Und er schreit: Ihr Krieger alle, auf und an!
Und es schallet, wenn das schwarze Haupt er schwenkt,
Drum von tausend Schädeln laute Kette hängt.

Einem Turm gleich tritt er aus die letzte Glut,
Wo der Tag flieht, sind die Ströme schon voll Blut.
Zahllos sind die Leichen schon im Schilf gestreckt,
Von des Todes starken Vögeln weiß bedeckt.

In die Nacht er jagt das Feuer querfeldein,
Einen roten Hund mit wilder Mäuler Schrein.
Aus dem Dunkel springt der Nächte schwarze Welt,
Von Vulkanen furchtbar ist ihr Rand erhellt.

Und mit tausend hohen Zipfelmützen weit
Sind die finstren Ebnen flackend überstreut,
Und was unten auf den Straßen wimmelnd flieht,
Stößt er in die Feuerwälder, wo die Flamme
brausend zieht.

Und die Flammen fressen brennend Wald um Wald,
Gelbe Fledermäuse, zackig in das Laub gekrallt,
Seine Stange haut er wie ein Köhlerknecht
In die Bäume, dass das Feuer brause recht.

Eine große Stadt versank in gelbem Rauch,
Warf sich lautlos in des Abgrunds Bauch.
Aber riesig über glühnden Trümmern steht,
Der in wilde Himmel dreimal seine Fackel dreht.

Über sturmzerfetzter Wolken Widerschein,
In des toten Dunkels kalten Wüstenein,
Dass er mit dem Brande weit die Nacht verdorr,
Pech und Feuer träufet unten auf Gomorrh.

## Die Morgue

Die Wärter schleichen auf den Sohlen leise,
Wo durch das Tuch es weiß von Schädeln blinkt.
Wir, Tote, sammeln uns zur letzten Reise
Durch Wüsten weit und Meer und Winterwind.

Wir thronen hoch auf kahlen Katafalken,
Mit schwarzen Lappen garstig überdeckt.
Der Mörtel fällt. Und aus der Decke Balken
Auf uns ein Christus große Hände streckt.

Vorbei ist unsre Zeit. Es ist vollbracht.
Wir sind herunter. Seht, wir sind nun tot.
In weißen Augen wohnt uns schon die Nacht,
Wir schauen nimmermehr ein Morgenrot.

Tretet zurück von unserer Majestät.
Befasst uns nicht, die schon das Land erschaun
Im Winter weit, davor ein Schatten steht,
Des schwarze Schulter ragt im Abendgraun.

Ihr, die ihr eingeschrumpft wie Zwerge seid,
Ihr, die ihr runzelig liegt auf unserm Schoß,
Wir wuchsen über euch wie Berge weit
In Ewige Todes-Nacht, wie Götter groß.

Mit Kerzen sind wir lächerlich umsteckt,
Wir, die man früh aus dumpfen Winkeln zog
Noch grunzend, unsre Brust schon blau gefleckt,
Die nachts der Totenvogel überflog.

Wir Könige, die man aus Bäumen schnitt,
Aus wirrer Luft im Vogelkönigreich,
Und mancher, der schon tief durch Röhricht glitt,
Ein weißes Tier, mit Augen rund und weich.

Vom Herbst verworfen. Faule Frucht der Jahre,
Zerronnen sommers in der Gossen Loch,
Wir, denen langsam auf dem kahlen Haare
Der Julihitze weiße Spinne kroch.

Ruhen wir aus im stummen Turm, vergessen?
Werden wie Welle einer Lethe sein?
Oder, dass Sturm uns treibt um Winteressen,
Wie Dohlen reitend auf dem Feuerschein?

Werden wir Blumen sein? Werden wir Vögel werden,
Im Stolze des Blauen, im Zorne der Meere weit?
Werden wir wandern in den tiefen Erden,
Maulwürfe stumm in toter Einsamkeit?

Werden wir in den Locken der Frühe wohnen,
Werden wir blühen im Baum und schlummern in
Frucht,
Oder Libellen blau auf den Seeanemonen
Zittern am Mittag in schweigender Wasser Bucht?

Werden wir sein, wie ein Wort von niemand
gehöret?
Oder ein Rauch, der flattert im Abendraum?
Oder ein Weinen, das plötzlich Freudige störet?
Oder ein Leuchter zur Nacht? Oder ein Traum?

Oder – wird niemand kommen?
Und werden wir langsam zerfallen,
In dem Gelächter des Monds,
Der hoch über Wolken saust,
Zerbröckeln in Nichts,
– Dass ein Kind kann zerballen
Unsere Größe dereinst
In der dürftigen Faust.

Wir, Namenlose, arme Unbekannte,
In leeren Kellern starben wir allein.
Was ruft ihr uns, da unser Licht verbrannte,
Was stört Ihr unser frohes Stelldichein?

Seht den dort, der ein graues Lachen stimmt
Auf dem zerfallnen Munde fröhlich an,
Der auf die Brust die lange Zunge krümmt,
Er lacht euch aus, der große Pelikan.

Er wird euch beißen. Viele Wochen war
Er Gast bei Fischen. Riecht doch, wie er stinkt.
Seht, eine Schnecke wohnt ihm noch im Haar,
Die spöttisch euch mit kleinem Fühler winkt.

– Ein kleines Glöckchen –. Und sie ziehen aus.
Das Dunkel kriecht herein auf schwarzer Hand.
Wir ruhen einsam nun im weiten Haus,
Unzählige Särge tief an hoher Wand.

Was kommt er nicht? Wir haben Tücher an
Und Totenschuhe. Und wir sind gespeist.
Wo ist der Fürst, der wandert uns voran,
Des große Fahne vor dem Zuge reist?

Wo wird uns seine laute Stimme wehen?
In welche Dämmerung geht unser Flug?
Verlassen in der Einsamkeit zu stehen
Vor welcher leeren Himmel Hohn und Trug?

Ewige Stille. Und des Lebens Rest
Zerwittert und zerfällt in schwarzer Luft.
Des Todes Wind, der unsre Tür verlässt,
Die dunkle Lunge voll vom Staub der Gruft,

Er atmet schwer, hinaus, wo Regen rauscht,
Eintönig, fern, Musik in unserm Ohr,
Das dunkel in die Nacht dem Sturme lauscht,
Der ruft im Hause traurig und sonor.

Und der Verwesung blauer Glorienschein
Entzündet sich auf unserm Angesicht.
Ein' Ratte hopst auf nacktem Zehenbein,
Komm nur, wir stören deinen Hunger nicht.

Wir zogen aus, gegürtet wie Giganten,
Ein jeder klirrte wie ein Goliath.
Nun haben wir die Mäuse zu Trabanten,
Und unser Fleisch ward dürrer Maden Pfad.

Wir, Ikariden, die mit weißen Schwingen
Im blauen Sturm des Lichtes einst gebraust,
Wir hörten noch der großen Türme Singen,
Da rücklings wir in schwarzen Tod gesaust.

Im fernen Plan verlorner Himmelslande,
Im Meere weit, wo fern die Woge flog,
Wir flogen stolz in Abendrotes Brande,
Mit Segeln groß, die Sturm und Wetter bog.

Was fanden wir im Glanz der Himmelsenden?
Ein leeres Nichts. Nun schlappt uns das Gebein,
Wie einen Pfennig in den leeren Händen
Ein Bettler klappern lässt am Straßenrain.

Was wartet noch der Herr? Das Haus ist voll,
Die Kammern rings der Karawanserei,
Der Markt der Toten, der von Knochen scholl,
Wie Zinken laut hinaus zur Wüstenei.

## Die Seefahrer

Die Stirnen der Länder, rot und edel wie Kronen,
Sahen wir schwinden dahin im versinkenden Tag,
Und die rauschenden Kränze der Wälder thronen
Unter des Feuers dröhnendem Flügelschlag.

Die zerflackenden Bäume mit Trauer zu schwärzen,
Brauste ein Sturm. Sie verbrannten wie Blut,
Untergehend, schon fern. Wie über sterbenden Herzen
Einmal noch hebt sich der Liebe verlodernde Glut.

Aber wir trieben dahin, hinaus in den Abend der Meere.
Unsere Hände brannten wie Kerzen an.
Und wir sahen die Adern darin, und das schwere
Blut vor der Sonne, das dumpf in den Fingern zerrann.

Nacht begann. Einer weinte im Dunkel. Wir
schwammen
Trostlos mit schrägem Segel ins Weite hinaus.
Aber wir standen am Borde im Schweigen
beisammen,
In das Finstre zu starren. Und das Licht ging uns aus.

Eine Wolke nur stand in den Weiten noch lange,
Ehe die Nacht begann in dem ewigen Raum,
Purpurn schwebend im All, wie mit schönem
Gesange
Über den klingenden Gründen der Seele ein Traum.

## Die Somnambulen

Schon braust die Mitternacht. Mit langem Haar,
In weiße Tücher feierlich gehüllt,
Zieht schwankend auf der Somnambulen Schar,
Wie Rauch so weiß, der weit den Himmel füllt.

Aus allen Dächern steigen sie herauf,
Irrlichtern gleich auf einem schwarzen Sumpf.
Sie tanzen auf der Wetterfahnen Knauf,
Mit irren Lächelns fröhlichem Triumph.

Sie schlagen Cymbeln in der leichten Hand
Und irren singend in der grünen Luft.
Vor ihren Brüsten zittert ihr Gewand,
Die wild den Mond berauschen, süß, voll Duft.

Sie kitzeln ihn mit ihren zarten Händen
Und zwicken leicht ihn in das gelbe Ohr.
Sie wiegen sich in ihren magern Lenden
Im Tanzschritt hin, ein weißer Trauerchor.

Sie fliegen durch die Nacht wie Wolken leise
Hoch über spitzer Berge blauem Grat
Hinauf zu ihm auf ihrer leichten Reise
Zu einem Wiegenlied an Abgrunds Pfad.

Der Mond umfängt sie sanft mit Spinnenarm,
Ihr Haupt wird von dem Kusse weiß gemalt.
Sie ruhn an ihres Bräutigams Herzen warm,
Der tief durch ihre dünne Rippe strahlt.

# Der Garten der Irren

Am roten Teiche stehen viele Schatten
Bei dünner Bäume schwächlichen Gesichten,
In Stille fort. Nur selten dass sich einer
Herunter zu dem trüben Wasser bücket.

Und manche gehn in die entleerten Hecken
In kühlen Gängen, die schon voller Lichter,
Und schleifen mit den Füßen in dem Laube
Und sitzen wieder sanft in den Verstecken.

Der Strom ist weit hinab im blanken Scheine
Bei Erlen und den krumm gebornen Weiden.
Und wer mit leichtem Kahn ihn überbrücket,
Er wird im Licht die gelben Blumen pflücken.

# Spitzköpfig kommt er …

Spitzköpfig kommt er über die Dächer hoch
Und schleppt seine gelben Haare nach,
Der Zauberer, der still in die Himmelszimmer steigt
In vieler Gestirne gewundenem Blumenpfad.

Alle Tiere unten in Wald und Gestrüpp
Liegen mit Häuptern sauber gekämmt,
Singend den Mondchoral. Aber die Kinder
Knien in den Bettchen im weißen Hemd.

Meiner Seele unendliche See
Ebbet langsam in sanfter Flut.
Ganz grün bin ich innen. Ich schwinde hinaus
Wie ein gläserner Luftballon.

# Alle Landschaften haben

## Mit den fahrenden Schiffen

Mit den fahrenden Schiffen
Sind wir vorübergeschweift,
Die wir ewig herunter
Durch glänzende Winter gestreift.
Ferner kamen wir immer
Und tanzten im insligen Meer,
Weit ging die Flut uns vorbei,
Und Himmel war schallend und leer.

Sage die Stadt,
Wo ich nicht saß im Tor,
Ging dein Fuß da hindurch,
Der die Locke ich schor?
Unter dem sterbenden Abend
Das suchende Licht
Hielt ich, wer kam da hinab,
Ach, ewig in fremdes Gesicht.

Bei den Toten ich rief,
Im abgeschiedenen Ort,
Wo die Begrabenen wohnen;
Du, ach, warest nicht dort.
Und ich ging über Feld,
Und die wehenden Bäume zu Haupt
Standen im frierenden Himmel
Und waren im Winter entlaubt.

Raben und Krähen
Habe ich ausgesandt,
Und sie stoben im Grauen
Über das ziehende Land.
Aber sie fielen wie Steine
Zur Nacht mit traurigem Laut
Und hielten im eisernen Schnabel
Die Kränze von Stroh und Kraut.

Manchmal ist Deine Stimme,
Die im Winde verstreicht,
Deine Hand, die im Träume
Rühret die Schläfe mir leicht;
Alles war schon vorzeiten.
Und kehret wieder sich um.
Gehet in Trauer gehüllet,
Streuet Asche herum.

## Mond

Den blutrot dort der Horizont gebiert,
Der aus der Hölle großen Schlünden steigt,
Sein Purpurhaupt mit Wolken schwarz verziert,
Wie um der Götter Stirn Akanthus schweigt,

Er setzt den großen goldnen Fuß voran
Und spannt die breite Brust wie ein Athlet,
Und wie ein Partherfürst zieht er bergan,
Des Schläfe goldenes Gelock umweht.

Hoch über Sardes und der schwarzen Nacht,
Auf Silbertürmen und der Zinnen Meer,
Wo mit Posaunen schon der Wächter wacht,
Der ruft vom Pontos bald den Morgen her.

Zu seinem Fuße schlummert Asia weit
Im blauen Schatten, unterm Ararat,
Des Schneehaupt schimmert durch die Einsamkeit,
Bis wo Arabia in das weiche Bad

Der Meere mit den weißen Füßen steigt
Und fern im Süden, wie ein großer Schwan,
Sein Haupt der Sirius auf die Wasser neigt
Und singend schwimmt hinab den Ozean.

Mit großen Brücken, blau wie blanker Stahl,
Mit Mauern, weiß wie Marmor, ruhet aus
Die große Ninive im schwarzen Tal,
Und wenig Fackeln werfen noch hinaus

Ihr Licht, wie Speere weit, wo dunkel braust
Der Euphrat, der sein Haupt in Wüsten taucht.
Die Susa ruht, um ihre Stirne saust
Ein Schwarm von Träumen, die vom Wein noch raucht.

Hoch auf der Kuppel, auf dem dunklen Strom
Belauscht allein der bösen Sterne Bahn
In weißem Faltenkleid ein Astronom,
Der neigt sein Szepter dem Aldebaran,

Der mit dem Monde kämpft um weißen Glanz,
Wo ewig strahlt die Nacht und ferne stehn
Am Wüstenrand im blauen Lichte ganz
Einsame Brunnen, und die Winde wehn

Ölwälder fern um leere Tempel lind,
Ein See von Silber, und in schmaler Schlucht
Uralter Berge tief im Grunde rinnt
Ein Wasser sanft um dunkler Ulmen Bucht.

# Die Städte

Der dunkelnden Städte holprige Straßen,
Im Abend geduckt, eine Hundeschar,
Im Hohlen bellend. Und über den Brücken
Wurden wir große Wagen gewahr;

Zitterten Stimmen, vorübergewehte.
Und runde Augen sahen uns traurig an.
Große Gesichter, darüber das späte
Gelächter von hämischen Stimmen rann.

Zwei kamen vorbei in gelben Mänteln.
Unsere Köpfe trugen einmal sich fort,
Mit Blute besät, und die tiefen Backen,
Darüber ein letztes Rot noch verdorrt.

Wir flohen vor Angst, doch im Fluss weißer Welle,
Der uns mit weißen Zähnen gewehrt,
Und hinter uns feurige Abendsonne.
Tote Straßen jagten mit grausamem Schwert.

## Die Meerstädte

*Giuliana Anzilotti gewidmet*

Mit den segelnden Schiffen fuhren wir quer herein
In die Städte voll Nacht und frierender Häfen Schein,
Tausend Treppen, leere, stiegen zum Meere breit,
Dunkel die Schiffe schwangen den Feuerscheit.

Glocke nicht brummt'. Und Bettler nicht saß am Pfad.
Rief kein Horn, und niemand den Weg uns vertrat.
Und die Städte alle waren wie Wände bloß,
Sterne nur gingen über die Zinnen groß.

Seebäume saßen geborsten im Mauergestrüpp.
Salzig und weit … vor unserem Fuß.
Brücke zerbrochen stand im Knochengerüpp,
Ferne Feuer warfen sich über den Fluss.

## Die Schlösser

Alt vom Blute, und manches im toten Munde
Kauen sie dunkel. – Wo große Schwerter geblitzt,
Trübe Gelage zur Nacht in der Könige Runde. –
Draußen die Sonne die späten Pfeile noch spitzt.

Wir auch gingen hinein. Und kamen durch Stiegen
und Gänge:
Mancher Verschlag tat sich auf und fiel zu.
Viele Schatten auf bleichen Dielen in Länge
Kamen um unseren Fuß wie Hunde in Ruh.

Über den Höfen, den dunklen voll Trauer, begannen
Windfahnen eben das knarrende Abendlied.
Und hoch in dem Licht der Götter große Gespanne
Schnelle rollten dahin in den festlichen Süd.

## Die Stadt der Qual

Ich bin in Wüsten eine große Stadt
Hinter der Nacht und toten Meeren weit.
In meinen Gassen herrscht stets wilder Zank
Geraufter Bärte. Ewig Dunkelheit

Hängt über mir wie eines Tieres Haut.
Ein roter Turm nur flackert in den Raum.
Ein Feuer braust und wirft den Schein von Blut
Wie einen Keil auf schwarzer Köpfe Schaum.

Der Geißeln Hyder bäumt in hoher Faust.
In jedem Dunkel werden Schwerter bloß.
Und auf den Toten finstrer Winkel hockt
Ein Volk von bleichen Narren, kettenlos.

Der Hunger warf Gerippe auf mich hin.
Der Brunnen Röhren waren alle leer;
Mit langen Zungen hingen sie darin,
Blutig und rau. Doch kam kein Tropfen mehr.

Und gelbe Seuchen blies ich über mich.
Die Leichenzüge gingen auf mir her,
Ameisen gleich mit einem kleinen Sarg,
Und winzige Pfeiferleute bliesen quer.

Altäre wurden prächtig mir gebaut
Und sanken nachts in wildem Loderschein.
Im Dunkel war der Mord. Und lag das Blut
Rostfarbner Mantel auf der Treppen Stein.

Asche war auf der Völker Haupt gestreut,
Zerfetzt verflog ihr hären Kleid wie Rauch.
So saßen sie wie kleine Kinder nachts
In tauber Angst auf meinem großen Bauch.

Ich bin der Leib voll ausgehöhlter Qual.
In meinen Achseln rotes Feuer hängt.
Ich bäume mich und schreie manchmal laut,
In schwarzer Himmel Grabe ausgerenkt.

# Die Irren

*I.*

Papierne Kronen zieren sie. Sie tragen
Holzstöcke aufrecht auf den spitzen Knien
Wie Szepter. Ihre langen Hemden schlagen
Um ihren Bauch wie Königshermelin.

Ein Volk von Christussen, das leise schwebt
Wie große Schmetterlinge durch die Gänge,
Und das wie große Lilien rankt und klebt
Um ihres Käfigs schmerzliches Gestänge.

Der Abend tritt herein mit roten Sohlen,
Zwei Lichtern gleich entbrennt sein goldner Bart.
In dunklen Winkeln hocken sie verstohlen
Wie Kinder einst, in Dämmerung geschart.

Er leuchtet tief hinein in alle Ecken,
Aus allen Zellen grüßt ihn Lachen froh,
Wenn sie die roten, feisten Zungen blecken
Hinauf zu ihm aus ihres Lagers Stroh.

Dann kriechen sie wie Mäuse eng zusammen
Und schlafen unter leisem Singen ein.
Des fernen Abendrotes tote Flammen
Verglühen sanft auf ihrer Schläfen Pein.

Auf ihrem Schlummer kreist der blaue Mond,
Der wie ein Vogel durch die Säle fliegt.
Ihr Mund ist schmal, darauf ein Lächeln thront,
Das sich, wie Lotos weiß, im Schatten wiegt.

Bis leise Stimmen tief im Dunkel singen
Vor ihrer Herzen Purpur-Baldachin
Und aus dem Äthermeer auf roten Schwingen
Träume, wie Sonnen groß, ihr Blut durchziehn.

## *II.*

Der Tod zeigt seine weiße Leichenhaut
Vor ihrer Kerkerfenster Arsenal.
Das schwarze Dunkel schleicht in trübem Laut
Geborstner Flöten durch der Nächte Qual.

Und weiße Hände strecken sich und klingen
Aus langen Ärmeln in der Säle Tor.
Um ihre Häupter wehen schwarze Schwingen,
Rauchende Fackeln wie ein Trauerflor.

Bebändert stürzt ein Mar durch ihre Betten,
Der ihre Köpfe schlagend, sie erschreckt.
Wie gelbe Schlangen auf verrufnen Stätten,
So wiegt ihr fahles Haupt, von Nacht bedeckt.

Ein Schrei. Ein Paukenschall. Ein wildes Brüllen,
Des Echo dumpf in dunkler Nacht verlischt.
Gespenster sitzen um sie her und knüllen
Den Hals wie Stroh. Ihr weißer Atem zischt.

Ihr Haar wird bleich und feucht vor kaltem Grauen.
Sie fühlen Hammerschlag in ihrer Stirn,
Und große Nägel spitz in Geierklauen,
Die langsam treiben tief in ihr Gehirn.

## *III.*
## *Variation*

Ein Königreich. Provinzen roter Wiesen.
Ein Wärter, eine Peitsche, eine Kette.
So klappern wir in Nessel, Dorn und Klette
Durch wilder Himmel schreckliche Devisen,

Die uns bedrohn mit den gezackten Flammen,
Mit großer Hieroglyphen roter Schrift.
Und unsrer Schlangenadern blaues Gift
Zieht krampfhaft sich in unserm Kopf zusammen.

Dass tausend Disteln unsere Beine schlagen,
Dass manchen Regenwürmchens Köpfchen knackt
Zu unseres wilden Volks Bacchanten-Takt,
Wir hören's ferne nur in unsere Klagen.

Ein gläsern leichter Fuß ward uns gegeben,
Und Scharlachflügel wächst aus unserm Rücken.
So tanzen wir zum Krach der Scherben-Stücken,
Durch lauter Unrat feierlich zu schweben.

Welch göttlich schönes Spiel. Ein Meer von Feuer.
Der ganze Himmel brennt. Wir sind allein,
Halbgötter wir. Und unser haarig Bein
Springt nackt auf altem Steine im Gemäuer.

Verfallner Ort, versunken tief im Schutte,
Wo wie ein Königshaupt der Ginster schwankt,
Des goldner Arm nach unsern Knöcheln langt
Und lüstern fährt herauf in unsrer Kutte.

Wo eine alte Weide, dürr und stumm,
Mit Talismanen ihren Bauch behängt,
Vor unsrer Göttlichkeit die Arme senkt
Und uns beschielt mit Augen, weiß und krumm.

Aus ihrem Loch springt eine alte Maus,
Verrückt wie wir. Ein goldner Schnabel blinkt
Am Himmelsrand. Ein leises Lied erklingt,
Ein Schwan zieht in das Feuer uns voraus.

O süßer Sterbeton, den wir geschlürft.
Breitschwingig flattert er im goldnen West,
Wo hoher Pappeln zitterndes Geäst
Auf unsere Stirnen Gitterschatten wirft.

Die Sonne sinkt auf dunkelroter Bahn,
In einer Wetterwolke klemmt sie fest.
Macht schnell und reißt aus seinem schwarzen Nest
Mit Zangen aus den goldnen Wolken-Zahn.

Hui. Er ist fort. Der dunkle Himmel sinkt
Voll Zorn herab in einen schwarzen Teich,
Des Abgrund droht, mit fahlen Wolken bleich,
Unheimlich, eine Nacht, die Unheil bringt.

Und eine Leiche wohnt im tiefen Grund,
Um die ein Aale-Volk geschmeidig hüpft.
Uralt, ein Fisch, der ein zum Ohre schlüpft
Und wieder ausfährt aus dem offnen Mund.

Ein Unke ruft. Ein blauer Wiedehopf
Meckert wie eine Ziege in dem Sumpf. –
Was werden eure Stirnen klein und dumpf,
Was sträubt sich euch der graue Narren-Schopf?

Ihr wollet Fürsten sein? Ich sehe Bestien nur,
Die weit die Nacht erschrecken mit Gebell.
Was flieht ihr mich? Die Arme flattern schnell,
Wie Gänse an dem Messer der Tortur.

Ich bin allein im stummen Wetterland,
Ich, der Jerusalem vom Kreuz geschaut,
Jesus dereinst. Der nun den Brotranft kaut,
Den er im Staub verlorner Winkel fand.

## Verfluchung der Städte V

Ihr seid verflucht. Doch eure Süße blüht
Wie eines herben Kusses dunkle Frucht,
Wenn Abend warm um eure Türme sprüht,
Und weit hinab der langen Gassen Flucht.

Dann zittern alle Glocken allzumal
In ihrem Dach, wie Sonnenblumen welk.
Und weit wie Kreuze wächst in goldner Qual
Der hohen Galgen düsteres Gebälk.

Und wie ein Meer von Flammen ragt die Stadt,
Wo noch der West wie rotes Eisen glänzt,
In den die Sonne wie ein Stierhaupt glatt
Die Hörner streckt, von dunklem Blut bekränzt.

## Kata

Ein roter Donner. Und die Sonne tost,
Ein Purpurdrachen. Sein gezackter Schwanz
Peitscht hoch herauf der weiten Himmel Glanz,
Der Eichen Horizont, drin Flamme glost.

Der großen Babel weiße Marmorwand
Und riesiger Pagoden goldnen Stein
Zerschmettert fast der ungeheure Schein,
Mit lauten Beilen eine Feuerhand.

Musik. Musik. Ein göttlicher Choral.
Das offne Maul der Sonne stimmt ihn an,
Das Echo dröhnt vom weiten Himmelssaal

Und ruft hervor der dunklen Nacht Tyrann,
Den Mond, Tetrarchen, der im Wolkental
Schon seltsam lenkt das fahle Viergespann.

## Die Stadt

Im Dunkel ist die Nacht. Und Wolkenschein
Zerreißet vor des Mondes Untergang.
Und tausend Fenster stehn die Nacht entlang
Und blinzeln mit den Lidern, rot und klein.

Wie Aderwerk gehn Straßen durch die Stadt,
Unzählig Menschen schwemmen aus und ein,
Und ewig stumpfer Ton von dumpfem Sein
Eintönig kommt heraus in Stille matt.

Gebären, Tod, gewirktes Einerlei,
Lallen der Wehen, langer Sterbeschrei,
Im blinden Wechsel geht es dumpf vorbei.

Und Schein und Feuer, Fackel rot und Brand,
Die drohen im Weiten mit gezückter Hand
Und scheinen hoch von toter Wolkenwand.

# Fröhlichkeit

Es rauscht und saust von manchem Karusselle,
Wie Sonnen flammend in den Nachmittagen,
Und tausend Leute schauen mit Behagen
Wie sich Kamele drehn, und Rosse, schnelle;

Die starren Schwäne und die Elefanzen;
Der eine hebt vor Freude schon das Bein
Und grunzt im hohlen Bauche wie ein Schwein.
Und alle Tiere fangen an zu tanzen.

Doch nebenan im Himmelslicht, dem hellen,
Gehen die Maurer, schwarz wie Läuse klein,
Hoch im Gerüst, ein feuriger Verein,
Und schlagen Takt mit ihren Maurerkellen.

# Die Nacht

Alle Flammen starben in Nacht auf den Stufen.
Alle Kränze verwehten. Und unten im Blute verloren
Seufzte das Grauen. Wie hinter gestorbenen Toren
Manchmal es fern noch hallt von dunkelen Rufen.

Eine Fackel nach oben bog aus den Gängen,
Lief im Chor und versank wie das Heer der Dämonen
Rot und rauchend. Doch draußen der Waldung Kronen
Wuchsen im Sturm und zerrten sich in die Länge.

Und in Wolken hoch kamen mit wilden Gesängen
Weiß die Greise der Stürme, und riesige Vögel
scheuchten
Über den Himmel hinab, wie Schiffe mit feuchten
Segeln, die schwer auf den Wogen hängen.

Aber die Blitze zerrissen mit wilden und roten
Augen die Nacht, die öde der Säle zu hellen,
Und in den Spiegeln standen mit Köpfen, den grellen,
Drohend herauf mit schwarzen Händen die Toten.

# Der sterbende Faun

Er stirbt am Waldrand, mit verhaltnem Laut
Klagt schon sein Schatten an des Hades Tor.
Der Kranz von Lattich, den sein Haupt verlor,
Fiel unter Disteln und das Schierlingskraut.

Den Pfeil im Hals, verschüttet er sein Blut,
Das schwarze Faunsblut, in den grünen Grund
Der abendlichen Halde, aus dem Mund,
Drauf schon des Todes dunkler Flügel ruht.

Der Himmel Thrakiens glänzt im Abendgrün,
Ein Silberleuchter seinem Sterbeschrei,
Aus fernen Bergen, wo die Eichen glühn.

Tief unter ihm verblasst die weite Bai,
Darüber hoch die roten Wolken ziehn,
Und fern ein Purpursegel schwimmt vorbei.

# Halber Schlaf

Die Finsternis raschelt wie ein Gewand,
Die Bäume torkeln am Himmelsrand.

Rette dich in das Herz der Nacht,
Grabe dich schnell in das Dunkele ein,
Wie in Waben. Mache dich klein,
Steige aus deinem Bette.

Etwas will über die Brücken,
Es scharret mit Hufen krumm,
Die Sterne erschraken so weiß.

Und der Mond wie ein Greis
Watschelt oben herum
Mit dem höckrigen Rücken.

# Der Winter

Der Sturm heult immer laut in den Kaminen,
Und jede Nacht ist blutigrot und dunkel,
Die Häuser recken sich mit leeren Mienen.

Nun wohnen wir in rings umbauter Enge
Im kargen Licht und Dunkel unserer Gruben,
Wie Seiler zerrend grauer Stunden Länge.

Die Tage zwängen sich in niedre Stuben,
Wo heisres Feuer krächzt in großen Öfen.
Wir stehen an den ausgefrornen Scheiben
Und starren schräge nach den leeren Höfen.

# Die blinden Frauen

Die Blinden gehn mit ihren Wärterinnen,
Schwarze Kolosse, Moloche aus Ton,
Die Sklaven vorwärts ziehn. Und sie beginnen
Ein Blindenlied mit lang gezogenem Ton.

Sie ziehn wie Chöre auf mit starkem Schritte
Im Eisenhimmel, der sie kalt umspannt.
Der Wind türmt auf der großen Schädel Mitte
Ihr graues Haar wie einen Aschenbrand.

Sie tasten sich an ihrem großen Stabe
Die lange Straße auf zu ihrem Kamm.
Auf ihrer ungeheuren Stirnen Grabe
Brennt eines dunklen Gottes Pentagramm.

Der Abend hängt wie eine Feuertonne
Am Horizont auf einem Pappelbaum.
Der Blinden Arme stechen in die Sonne,
Wie Kreuze schwarz am frohen Himmelssaum.

# Nacht III

Jetzt schlafen viele wie in weißen Särgen,
Und in den Wänden sieht man Betten stehen,
Darin sich schaukelnd große Köpfe drehen.

Doch manche müssen einsam weit noch gehen,
Um sich in dunkle Nächte zu verbergen,
Wo schwer im Himmel sich die Wolken winden.

Sie hören oft ein großes Wagenrollen
Und schattenhafte Pferde schnell verschwinden
In Straßen fort und Mauern, dunkelvollen.

Und manchmal sehen sie in hohen Türmen
Den grauen Mond in Falten und verquollen
Und Nachtgevögel, das von droben stürmet.

Im Irrsal suchen sie den Weg zu finden
Und tasten mit den Händen rund, den blinden,
Und hinter ihnen kichern die Laternen,
Die schnell in trübe Nächte sich entfernen.

In wirrer Dächer Sturz und Häuser Enge,
In leerer Giebel ausgebrannten Sparren
Sind viele Tote, die im Kühlen hängen
Und mit dem Fuß im Morgengrauen scharren.

# Die neuen Häuser

Im grünen Himmel, der manchmal knallt
Vor Frost im rostigen Westen,
Wo noch ein Baum mit den Ästen
Schreit in den Abend, stehen sie plötzlich, frierend
und kalt,
Wie Pilze gewachsen, und strecken in ihren
Gebresten
Ihre schwarzen und dünnen Dachsparren himmelan,
Klappernd in ihrer Mauern schäbigem Kleid
Wie ein armes Volk, das vor Kälte schreit.
Und die Diebe schleichen über die Treppen hinan,
Springen oben über die Böden mit schlenkerndem
Bein,
Und manchmal flackert heraus ihr Laternenschein.

# Simson

In leeren Sälen, die so weit
Wie leerer Atem, im Abende tot
Stehet er breit mit dem Feierkleid
Und der türmenden Mütze rot.

Die Mauern flogen von ihm hinweg,
Die krummen Säulen irrten in Nacht hinaus.
Er ist allein in dem riesigen Haus.
Und niemand ist da, der ihn hält.

Alle sind fort. Und ein Mäusegeschrei
Ist oben rund in der Luft.
Und über die Stiege herum
Huscht es wie Hunde vorbei.

# Die Höfe luden uns ein …

Die Höfe luden uns ein, mit den Armen schmächtig,
Fassten unserer Seelchen zipfeliges Kleid.
Und wir entglitten durch Tore nächtig
In toter Gärten verwunschene Zeit.

Aus Regenrohren fiel Wasser bleiern,
Ewige Wolken flogen so trübe.
Und über der Starre der frostigen Weiher
Rosen hängen in dürrem Triebe.

Und wir gingen auf herbstlichen Pfaden, geringern.
Gläserne Kugeln zerrissen unser Gesicht,
Jemand hielt sie uns vor auf den spitzigen Fingern,
Unsere Qualen machten uns Feuer-licht.

Und wir schwanden so schwach: In die gläsernen
Räume
Rief es voll Wehmut, da dünne das Glas zerbrach;
Wir sitzen nun ewig in weißlichen Wolken, zu
träumen
Spielendem Fluge der Falter im Abendrot nach.

# Die Nebelstädte

Der Nebelstädte
Winzige Wintersonne
Leuchtet mir mitten ins gläserne Herz.
Das ist voll vertrockneter Blumen
Gleich einem gestorbenen Garten.

Wohl war im Frührot noch
Blutiger Wolken Krampf,
Und der sterbenden Städte
Schultern zuckten im Kampf.
Wir aber gingen von dannen
Und rissen uns auf mit ein Mal,
Dumpf scholl aus dem wilden Gestreite
Finsternis, – Unrat – siebenfarbiger Qual.

Doch niemand rühret das starre
Gestern noch mit der Hand,
Da der rostige Mond
Kollerte unter den Rand
In wolkiger Winde Geknarre.

# Allerseelen

Geht ein Tag ferne aus, kommt der Abend,
Brennt ein Stern in der Höhe zur Nacht,
Wehet das Gras, und die Wege alle
Werden in Dämmrung zusammengebracht.

Viele sind über die Steige gegangen,
Ihre Schatten sind ferne zu sehen,
Und sie tragen die Kreuze und Stangen,
Rote Fackeln, die wandern und wehen.

Mauern sind hinten und Gräber und wenige Bäume,
Manche Tore darin, wo der Lorbeer trauert.
Viele sitzen in Haufen über den Steinen,
Ihre Lichter behütend, wenn der Regen schauert.

Und ein Rot steckt im Walde, dürr wie ein Finger,
Wo der Abend hänget in wolkiger Zeit
Mit dem wenig Licht. Und geringer
Rings ist die Nähe. Und Weite, so weit.

Doch ewig weht der Wind, der nimmer schweiget,
Im dunklen Lande, herbstlich schon gebraunet,
Der dunkle Bilder viel vorüber zeiget
Und dunkle Worte flüchtig trübe raunet.

## Die Vögel

Wie trübe Morgen langsamer Tage
Über den Seen und Sümpfen voll Klage,
Über dem schillernden Schilf ruht die Nacht.
Regen beginnt; in den Bäumen erwacht

Ein Geschrei. Und huschen die Hunde
Rund um die Mauern mit heiserem Munde.
Aber die Türme steigen von Bergen, bleichen,
Und hocken stumm um verschrumpfte Teiche.

Eine Fackel brennt auf. Und die Vögel der Öden
Steigen herauf in die Wolkenböden,
Hoch von den kahlen Sitzen und Horsten,
Morsche Flügel und trostlos zerborsten.

Langsam mit ihren gewaltigen Händen
Fassend die Nacht an den dunkelnden Enden,
Drehend wie Schatten und böse Gedanken,
Die in brechenden Wolken schwanken.

Plötzlich stürmet vorbei vor dem Mond ein
Geschwirre,
Und er schreit wie ein Kind vor der Federn Geklirre,
Schlagend den Flügel, nisten sie über ihm
Und krähen ihr Lied …

# Die Tauben II

Doch nachts im Schatten ihrer hohen Träume,
Wie unter großer Eichen kühlem Dach,
Klingt um sie laut das Dunkel hundertfach,
Und Sterne fahren singend durch die Räume,

Vom Hauche Gottes durch das All getrieben,
Mit goldnen Federn in die Nacht gespreizt,
Kometen, die mit trübem Schrei zerstieben,
Der traurig ihre schlaffen Ohren beizt.

Sie horchen auf des Waldes Ruhe unten,
Wie in den Wurzeln blau der Schlummer schwillt,
Und auf der Erde schweres Atmen drunten,
Das langsam ihre großen Höhlen füllt.

Und wieder klingt's in ihrem Frieden leise,
Wenn das verborgne Silber wachsend schwärt
Und das Geräusch der Sonne auf der Reise,
Die unten über weite Meere fährt.

Auf einmal hören sie die Stürme wehen,
Und laute Glocken läuten durch die Nacht.
Sie möchten gern dem Schall entgegengehen,
Erhört, entfesselt, in das Licht gebracht.

Doch plötzlich bricht es ab. Und nur ein Zittern
Ist rund im Raum, das sie im Ohre nagt,
Wie wenn in Sarges Enge im Verwittern
Ein Toter weint und seine Trauer klagt.

Ein Lächeln kraut sie dann, dass sie noch leben,
Der Sabber hängt sich um ihr feistes Kinn,
Und jemand kommt mit Fingern leis, die schweben
Voll Liebe auf den Rettichköpfen hin.

# Das infernalische Abendmahl

Ihr, denen ward das Blut vor Trauer bleich,
Ihr, die der Sturm der Qualen stets durchrast,
Ihr, deren Stirn der Lasten weites Reich,
Ihr, deren Auge Kummer schon verglast,

Ihr, denen auf der jungen Schläfe brennt
Wie Aussatz schon das große Totenmal,
Tretet heran, empfangt das Sakrament
Verfluchter Hostien in dem Haus der Qual

Besteigt die Brücke auf dem schwarzen Fluss,
Darüber wallet der Verfluchten Schar.
Und dunkel grüßt Euch groß der Portikus,
Durch den in Dämmrung glänzt der Hochaltar.

Nachtschwarze Wolken drängen in den Dom
Voll Sturm und Blitzen durch das große Tor.
Ein Wetter tost. Im schwarzen Regenstrom
Versinkt der Orgel Ton im fernen Chor.

Die Gräber springen auf. Der Toten Hand
Streckt weiß und kalt die Knochenfinger aus.
Sie winken euch aus ihrem dunklen Land.
Und ihr Geschrei erfüllt das Riesenhaus.

Die Fliesen brechen auf. Und Lethe braust
Tief unten über einen Wasserfall.
Der Abgrund schwindelt Meilen tief und saust
Von ungeheurer Stürme weitem Hall.

Hoch wo das Dunkel seine Schatten türmt
Durch Ewigkeiten fern vom Grund der Qual,
Hoch oben, wo im Dom der Regen stürmt,
Erscheint des Gottes Haupt, wie Morgen fahl.

Die weiten Kirchen füllt der Sphären Traum
Voll Schweigen, das wie leise Harfen klingt,
Da, wie der Mond vom großen Himmelsraum
Des Gottes weißes Haupt heruntersinkt.

Tretet heran. Sein Mund ist süß wie Frucht,
Sein Blut ist wie der Wein, langsam und schwer.
Auf seiner Lippen dunkelroter Bucht
Wiegt blaue Glut von fernem Sommermeer.

Tretet heran. Wie Flaum von Faltern zart,
Wie eines jungen Sternes goldne Nacht,
Zittert sein Mund in seinem goldnen Bart,
Wie Chrysolith in einem tiefen Schacht.

Tretet heran. Wie einer Schlange Haut
So kühl ist er, weich wie ein Purpurkleid,
Wie Abendrot, so sanft, das übergraut
Brennender Liebe wildes Herzeleid.

Der Gram gefallner Engel ruht, ein Traum,
Auf seiner Stirn, der Qualen weißem Thron,
Wie Schläfer traurig, denen floh zum Saum
Des blassen Morgens ihre Vision.

Tiefer als tausend leere Himmel tief
Ist seine Schwermut, wie die Hölle schön,
Wo in den roten Abgrund sich verlief
Ein bleicher Sonnenstrahl aus Mittagshöhn.

Sein Leid ist wie ein Leuchter in der Nacht,
Scheuet die Flamme, die sein Haupt umloht
Und doppelhörnig in der düstren Pracht
Aus seinem Lockenwald ins Dunkel droht.

Sein Leid ist wie ein Teppich, drauf die Schrift
Der Kabbalisten brennt durch Dunkelheit,
Ein Eiland, dem vorbei ein Segler schifft,
Wenn in den Bergen fern das Einhorn schreit.

Sein Leid trägt eines Schattenwaldes Duft,
Wo großer Sümpfe Trauervögel ziehn,
Ein König, der durch seiner Ahnen Gruft
Nachdenklich geht in weißem Hermelin.

Tretet heran, entflammt von seinem Gram.
Trinkt seinen Atem, der so kühl wie Eis,
Der über tausend Paradiese kam,
Voll Duft, der jeden Kummer weiß.

Er lächelt, seht. Und eurer Seele Bild
Wird wie ein Weiher, der im Schilfe schweigt,
Wo leis des Hirtengottes Flöte schwillt,
Der durch die Lorbeerschlucht heruntersteigt.

Schlaft ein. Die Nacht, die schwarz im Dome hängt,
Verlöscht die Lampen an dem Hochaltar.
Der große Adler seines Schweigens senkt
Auf eure Stirn sein dunkles Schwingenpaar.

Schlaft, schlaft. Des Gottes dunkler Mund, er streift
Euch herbstlich kühl, wie kalter Gräber Wind,
Darauf des falschen Kusses Blume reift,
Wie Meltau giftig, gelb wie Hyazinth.

## Meine Seele

*Gologangi gewidmet*

Meine Seele ist eine Schlange,
Die ist schon lange tot,
Nur manchmal in Herbstesmorgen,
Entblättertem Abendrot
Wachse ich steil aus dem Fenster,
Wo fallende Sterne sind,
Über den Blumen und Kressen
Meine Stirne spiegelt
Im stöhnenden Nächte-Wind.

## Deine Wimpern, die langen …

Deine Wimpern, die langen,
Deiner Augen dunkele Wasser,
Lass mich tauchen darein,
Lass mich zur Tiefe gehn.

Steigt der Bergmann zum Schacht
Und schwankt seine trübe Lampe
Über der Erze Tor,
Hoch an der Schattenwand,

Sieh, ich steige hinab,
In deinem Schoß zu vergessen,
Fern was von oben dröhnt,
Helle und Qual und Tag.

An den Feldern verwächst,
Wo der Wind steht, trunken vom Korn,
Hoher Dorn, hoch und krank
Gegen das Himmelsblau.

Gib mir die Hand,
Wir wollen einander verwachsen,
Einem Wind Beute,
Einsamer Vögel Flug.

Hören im Sommer
Die Orgel der matten Gewitter,
Baden in Herbsteslicht
Am Ufer des blauen Tags.

Manchmal wollen wir stehn
Am Rand des dunkelen Brunnens,
Tief in die Stille zu sehn,
Unsere Liebe zu suchen.

Oder wir treten hinaus
Vom Schatten der goldenen Wälder,
Groß in ein Abendrot,
Das dir berührt sanft die Stirn.

Göttliche Trauer,
Schwinge der ewigen Liebe.
Hebe den Krug herauf,
Trinke den Schlaf.

Einmal am Ende zu stehen,
Wo Meer in gelblichen Flecken
Leise schwimmt schon herein
Zu der September Bucht.

Oben zu ruhn
Im Hause der dürftigen Blumen,
Über die Felsen hinab
Singt und zittert der Wind.

Doch von der Pappel,
Die ragt im Ewigen Blauen,
Fällt schon ein braunes Blatt,
Ruht auf dem Nacken dir aus.

## Die Tänzerin in der Gemme

*Robert Jentzsch gewidmet*

Lange verschlossen, tief im runden Steine
Mit einem Trauerbaum und dünnen Zweigen,
Noch hebt sie um den Hals den sanften Schleier
Und geht im Tanz dahin in stiller Feier.

Immer noch fort, wo schon die Götter gestorben
Über den Inseln, und draußen gezogen
Ist das Meer unter schläfrigen Wolken,
Unter dem Ufer murrte die Woge.

Orpheus ging einst. Und sie sann seiner Schritte
Durch die Schluchten herunter zur Ebene,
Da sie lag im Schilf mit den wolligen Herden.
Aber ferne ging die Flöte des Gottes.

Über der grünen Ruhe der toten Fluren,
Die so einsam sang ihre Traurigkcit
Grauer Gewölbe über die Weiden weit,
Wo die Tiere gingen mit tiefem Horne.

## Hora Mortis

Gebannt in die Trauer der endlosen Horizonte,
Wo nur ein Baum sich wand unter Schmerz,
Sanken wir, Bergleuten gleich, in das Schweigen der
Grube
Unserer Qual. Und von Leere schwoll uns das Herz.

Trüb wie die Winde, im Schierling, bei Büschen und
Weiden
Haben wir unsere Hände im Dunkel gesenkt,
Und dann gingen wir lässig und freuten uns unserer
Leiden,
Arme Spiegel, darin sich ein düsterer Abend fängt.

Nachtwandlern gleich, gejagt vom Entsetzen der
Träume,
Die seufzend sich stoßen mit blinder Hand,
Also schwankten wir in des Herbstes verschwin-
dende Räume,
Der wie ein Riese sich hob in die Nacht und versank.

Aber im Wolkenland, im Finstern, sahn wir die Schatten
Schwarzer Störche und hörten den traurigen Flug,
Und wir schwanden dahin in Schwermut und bittrem Ermatten,
Blutleere Seele, die Lethe durch Höhlen voll Kummer trug.

# Pilatus

Ein Lächeln schiefen Grames, das verschwindet
Hinein in seiner Stirne weißes Tor.
Er sitzt auf seinem Stuhl. Seine Hände erhoben
Brechen den Stab und fallen von oben.

Aber wie eine Blume voll grüner Helle
Leuchtet im Dunkel der Höfe der König der Juden,
Und die Stirn, die sie schattig mit Dornen beluden,
Brennt wie ein Stein in fahler Grelle.

Und der Gott steigt hinauf, von den Schultern gehoben
Riesiger Engel. Er singet, ein Schwan,
Leicht und klein fährt er auf, in strahlender Bahn,
Und der Vater im Glanze wartet sein droben.

Aber der Richter am blauen Gebirge
Hänget im riesigen Mantel wie faltige Frucht.
Wilder kommt der Abend über die hallenden Öden,
Schweigsame Wasser fallen in grüner Schlucht.

# Der Garten

Der Mund ist feucht und wie bei Fischen breit
Und leuchtet rot in dem toten Garten.
Sein Fuß ist glatt und über den Wegen breit,
Winde gehen hervor aus dem faltigen Kleid.

Er umarmet den Gott, der dünn wie aus Silber
Unter ihm knickt. Und im Rücken die Finger
Legt er ihm schwarz wie härige Krallen.
Quere Feuer, die aus den Augen fallen.

Schatten gehen und Lichter, manchmal im Mond
Ein Gesause der Blätter. Aus warmer Nacht
Trüber Frost. Und unten rufen die Hörner
Wandelnder Wächter über der gelben Stadt.

# Judas

Die Locke der Qual springt über der Stirne,
Drin wispern Winde und viele Stimmen,
Die wie Wasser vorüberschwimmen.

Doch er rennet bei Ihm gleich einem Hunde.
Und er picket die Worte hervor in dem Kote.
Und er wieget sie schwer. Sie werden tote.

Ah, der Herr ging über die Felder weiß
Sanft hinab am schwebenden Abendtag,
Und die Ähren sangen zum Preis,
Seine Füße waren wie Fliegen klein
In goldener Himmel grellem Schein.

## Der Baum

Sonne hat ihn gesotten,
Wind hat ihn dürr gemacht,
Kein Baum wollte ihn haben,
Überall fiel er ab.

Nur eine Eberesche,
Mit roten Beeren bespickt,
Wie mit feurigen Zungen,
Hat ihm Obdach gegeben.

Und da hing er mit Schweben,
Seine Füße lagen im Gras.
Die Abendsonne fuhr blutig
Durch die Rippen ihm nass,

Schlug die Ölwälder alle
Über der Landschaft herauf,
Gott in dem weißen Kleide
Tat in den Wolken sich auf.

In den blumigen Gründen
Singendes Schlangengezücht,
In den silbernen Hälsen
Zwitscherte dünnes Gerücht.

Und sie zitterten alle
Über dem Blätterreich,
Hörend die Hände des Vaters
Im hellen Geäder leicht.

## Die Messe

*(Als meine Schwester weinte)*

Bei dreier Kerzen mildem Lichte
Die Leiche schläft. Und hohe Mönche gehen
Um sie herum. Und legen ihre Finger
Manchmal über ihr Angesicht.

Froh sind die Toten, die zur Ruhe kehren
Und strecken ihre weißen Hände aus,
Den Engeln zu, die groß und schattig gehen
Mit Flügelschlagen durch das hohe Haus.

Nur manchmal schallt ein Weinen durch die Wände,
Ein tiefes Schluchzen wälzt sich in der Lust.
Man kreuzet ihre hagern Fingerhände
Zum Frieden sanft auf die verhaarte Brust.

# Hymne

Unendliche Wasser rollen über die Berge,
Unendliche Meere kränzen die währende Erde,
Unendliche Nächte kommen wie dunkele Heere
Mit Stürmen herauf, die oberen Wolken zu stören.

Unendliche Orgeln brausen in tausend Röhren,
Alle Engel schreien in ihren Pfeifen
Über die Türme hinaus, die gewaltig schweifen
In ewiger Räume verblauende Leere.

Aber die Herzen, im unteren Leben verzehret,
Bei dem schmetternden Schallen verzweifelter Flöten
Hoben wie Schatten sich auf in tödlichem Sehnen,
Jenseit lieblicher Abendröten.

## Bemerkung des Verlages

Georg Heym ist am 30. Oktober 1887 in Hirschberg (Schlesien) geboren. Dreizehnjährig kam er nach Berlin, besuchte das Gymnasium und studierte Jurisprudenz. Er ertrank beim Eislaufen auf der Havel zusammen mit seinem Freunde Ernst Balcke bei Schwanenwerder am 16. Januar 1912.

Die Gedichte der Sammlung »Umbra vitae« sind aus dem Nachlass Georg Heyms ausgewählt.

# Editorische Notiz

Die Originalausgabe dieses Bandes erschien 1924 im Format 15,7 x 23 im Verlag Kurt Wolff, München. Der Druckvermerk lautete: »Dies Buch ist in einer Auflage von 510 in der Presse numerierten Exemplaren von der Spamerschen Buchdruckerei in Leipzig im Jahre 1924 gedruckt worden. Die Holzschnitte wurden von den Originalstöcken abgezogen. Die gesamte Buchausstattung erfolgte nach Angabe des Künstlers, der auch Einband und Vorsatz in Holz schnitt. Nr. 1 bis 10 des Buches wurden auf Japanblüten abgezogen, in Glanzleder gebunden und vom Künstler eigenhändig signiert.« Eine leicht verkleinerte Reproduktion der Originalausgabe erschien 1962 im Insel-Verlag, Frankfurt a. M., die der vorliegenden Ausgabe in Text und Bild zugrunde liegt. Orthografie und Interpunktion wurden unter Wahrung von Lautstand und grammatischen Eigenheiten auf neue Rechtschreibung umgestellt.

# Inhalt

ELK